D1748574

Tieraden

Berenkamp

Klaus Schredelseker

Tieraden

Berenkamp

Bibliographische Information der Deutschen
Bibliothek

Die Deutsche Bibliothek verzeichnet diese Publikation
in der Deutschen Nationalbibliographie; detaillierte
bibliographische Daten sind im Internet über
$http://dnb.ddb.de$ abrufbar.

Sonderauflage
Freunde des Alpenzoo

ISBN 3-85093-165-X

Berenkamp

dip.druck - Bruneck

Umschlaggestaltung: Ilsinger

Alle Rechte vorbehalten
Copyright © 2003
Berenkamp Buch- und Kunstverlag
www.berenkamp-Verlag.at
ISBN 3-85093-165-X

Tieraden

Es schwamm einmal ein flotter Aal
vom Neckar bis ins Glottertal.
In nur drei Stunden war er dort,
mit Herzinfarkt und Weltrekord.

Was Fahnen für das Vaterland,
sind Wimpel für den Clubvorstand.
Ein stolzer Adler, nicht ein Gimpel,
ziert drum die Fahne wie den Wimpel.

Hinten auf der deutschen Mark,
da sitzt ein Adler, stolz und stark.
Auf dem Euro, ich vermute,
wird sitzen eine fette Pute.

Von Baum zu Baum der Aff sich hangelt,
wo er sich Kokosnüsse angelt,
die er dann auch zum Teil verspeist,
zum andern Teil herunterschmeißt.

Ob ihres schweren Körperbaus
sieht es furchtbar drollig aus,
wenn Albatrosse landen wollen:
Sie hätten kleiner bleiben sollen.

Er liebt es heiß, der Alligator,
so braucht er keinen Ventilator,
keinen Kühlschrank und kein Klima.
So wie es ist, so ist es prima.

Der Ameis – man das leicht vergisst –
am liebsten ganz alleine ist.
Er mag den Bau nicht und die andern,
nur traut er sich nicht wegzuwandern.

❁

Am Eisen nagen nie Ameisen,
stattdessen Saatgut sie verspeisen.
Gebt ihnen drum 'nen andern Namen,
einfach zu merken, wie – Amsamen.

❁

„Am Eisen nagen nie Ameisen" –
das wollt uns jemand mal beweisen.
Am Samen sah ich nie sie nagen …
wir sollten mal den Dichter fragen.

Im Ammersee, hab' ich vernommen,
hat Ammern man nie wahrgenommen.
Der Vogel nämlich liebt das Heu
und gilt als äußerst wasserscheu.

Die Amsel reagiert verschreckt,
wird sie ins dunkle Loch gesteckt.
Ganz anders ist es mit der Maus:
Sie schimpft nur, zieht man sie heraus.

Was alle Anti-Lopen mögen,
das ist die Lopen-Hatz, weswegen
von dieser Gattung heutzutage
man nur noch weiß aus alter Sage.

Ein Wasser- und ein Auerhahn
sind – schaut man sie genauer an –
im Grunde nicht sehr unterschiedlich:
beide plump und eher friedlich.

❀

Die Auster – 1. – schmeckt vorzüglich
und – 2. – ist es recht vergnüglich
zu seh'n, wie Herren Austern schlürfen,
die sonsten nie was schlürfen dürfen.

❀

Die Auster hast Du aufgebrochen,
hast Wind und Salz und Meer
     gerochen,
hast sie geschlürft mit weißem Wein:
Wie kann das Leben herrlich sein!

In Ländern, wo es Austern gibt,
sind Austernfischer unbeliebt.
In allen anderen Regionen
lässt man sie unbehelligt wohnen.

„Frisch gefrischt, ist halb gewonnen"
und „Wie gewonnen, so zerronnen".
Das war'n der Bache letzte Worte –
beim Jäger gab's zum Nachtisch Torte.

Der Bandwurm, der im Leibe wächst,
stört ebenso wie der im Text.
Das Letzte widerfährt mir nicht:
Vier Zeilen nur hat ein Gedicht.

Zum Strand kam fett ein Barrakuda
in Acapulco. „Was machst Du da?",
fragte frech der Bademeister.
Der Fisch schnappt' zu und war noch
 feister.

Der Bernhardiner vom St. Bernhard
bringt jedem Schnaps, der ihn nur
 gern hat.
Drum ist schon mancher
 stockbetrunken
für ewig dort im Schnee versunken.

Ein Bernhardiner weltbekannt,
Beethoven wurde er genannt,
denn er bellte, das Genie,
ein Stück der neunten Symphonie.

Es nagt an der Tanne der Biber
viel lieber
als an der Eiche.
Es sei denn, er hätt' eine weiche.

Die Biene ist uns gut bekannt
als fleiß'ger Honiglieferant.
Was wissen denn von uns die Bienen?
Nun ja. Bestechlich sind wir ihnen.

Die Biene, heißt's, ist sehr beliebt,
weil „sie uns ihren Honig gibt".
So ist die Sprache schon verkommen:
Sie gibt uns nicht! Ihr wird genommen!

*Die Blattlaus saß just auf dem Blatt,
das ein Naturfreund eiligst, statt
zuvor auf Läuse Acht zu geben,
ins Album presste. Aus das Leben!*

❁

*Blau ist er nicht, der Blauwal. Doch
man nennt ihn so von früher noch.
Als nämlich Küchen groß noch waren,
beliebte es, ihn „blau" zu garen.*

❁

*Man sagt zwar, doch es stimmt so nicht:
Der Blindschleich' fehlt das Augenlicht.
Da nichts versteckt wird vor dem Tier,
sieht es deutlich mehr als wir.*

Machst zum Gärtner Du den Bock,
sei nicht verwundert, wenn der Stock
herzallerliebster Azaleen
nicht anders kann, als einzugehen.

Für den Wald gilt als entbehrlich
der Borkenkäfer, denn gefährlich
ist sein fataler Hang nach Nahrung
und ebenso sein Drang zur Paarung.

Der Boxer boxt in vielen Runden
des Nachts zum Spaß mit andern
      Hunden.
Doch anderntags bei Helligkeit
vermisst er die Gesellichkeit.

Was mich erstaunt ist, dass die
          Brassen
sich ungestraft so nennen lassen:
‚Zahnbrass' nennt die gold'ne man,
die ‚Goldbrass' zieht sich bläulich an.

Der Braunbär ist ein großer Brüller,
die Bärenfrau ist weitaus stiller.
Und dennoch gilt, dass bei den Tieren
Mann und Frau gut harmonieren.

Es stach im Sommer, bei Soho,
'ne Bremse Charly in den Po.
Der schlug zu und in die Themse
flog leblos eine Scheibenbremse.

Brieftaubenflug war frühe Praxis,
später war's dann Thurn und Taxis.
Wird heute etwas mitgeteilt,
wird Ess-em-esst sowie gemailt.

Des Nachts ward eine Brillenschlange
jäh geweckt vom schrillen Klange
zerbroch'nen Glases ihrer Brille.
Kurz darauf war wieder Stille.

Ein Bücherwurm durchnagte Kant
vom ersten bis zum letzten Band.
Doch kaum hatt' er sich durchgefressen,
hatt' er den ersten schon vergessen.

Ohne Büffel gäb's in Nizza
und in Neapel keine Pizza.
Denn erst der Mozzarella gibt
der Pizza, was man an ihr liebt.

Die Langen an den Börsenplätzen,
die wissen Bullen sehr zu schätzen.
Und voller Glück die Kurzen wären,
gäb's in der ganzen Welt nur Bären.

Es weiß nur Grass es sehr zu schätzen,
sicht er den Butt auf ersten Plätzen
in Bücherlisten. Nicht so der Butt.
Er wird gekauft und geht kaputt.

Mit seiner Umwelt Ton in Ton
lebt meistens das Chamäleon.
Nur so kann es genügend Fliegen
pro Tag in seinen Magen kriegen.

Die Kunst von dem Chamäleon,
sich anzupassen Ton in Ton
an seine Umwelt, ist für viele
das oberste der Lebensziele.

Der Mensch ist ein Chinchilla-Killer,
ans Pelzchen vom Chinchilla will er.
Ihm zieht er's aus, der Dame an,
ihm ist's ein Graus, sie freut sich dran.

Der Mensch, der ehrt das blaue Blut,
der Hund find't blaue Zungen gut.
Drum ist der Chow-Chow Präsident
im hohen Hunde-Parlament.

❀

Der Dachs, der auf 'ne Dächsin stieß,
im tiefen Wald, sagt' zu ihr dies:
„Ich lad Sie, hochverehrtes Fräulein,
zum tête-à-tête gern in mein Bäulein."

❀

Ein Dackel wollt' ein Haus sich bauen,
drin wohnen lassen Dackelfrauen.
Doch nur der Mensch braucht das
      Bordell:
Der Dackel bankrottierte schnell.

Der Name Flipper ist bei Bienen
viel seltener als bei Delphinen.
Von Hamburg bis zum Himalaya
heißen Bienen meistens Maja.

Der Dompfaff schwellte seine Brust,
er hatte auf 'ne Pfäffin Lust.
Der Pfaff im Dom, der arme Wicht,
würd's auch gern tun, nur darf er
    nicht.

Der Dosenfisch lebt in der Dose,
umgeben von Tomatensoße.
Zwar hätte Wein ihm mehr behagt,
doch niemand hatte ihn gefragt.

Ein Eber lernte einmal singen,
doch nur ein *cis* wollt' ihm gelingen.
Da schenkt' er einer Sau sein Herz,
die konnt' ein *e*. Welch' feine Terz!

Auf Arbeit fuhr mit Kind und Kegel
zur Schwarzwaldklinik Papa Egel.
Dort wartete schon Herr Baron
mit blauem Blut als Arbeitslohn.

Es lebt im Wald der Eichelhäher
als ein Agent, Spion und Spaher.
Doch grau nicht und im Untergrund,
stattdessen offen, frei und bunt.

Es schätzt das Wild im Wald seit jeher
als Waldeswacht den Eichelhäher:
Der warnt mit riesigem Geschrei
vor Jägern und vor allerlei.

Es ist ein Ziel von Kurparkgästen,
das Eichhorn kugelrund zu mästen.
Es fehlt nur noch, dass man den
    Tierchen
zum Kurkonzert bringt ein paar
    Bierchen.

'ne Eidechs und ein Meineidechs
verliebten sich grad unterwegs
und schworen sich auf ewig Treue.
Der Meineidechs fand schnell 'ne
    Neue.

Die Eintagsfliege ward am Morgen
geboren. Frei und ohne Sorgen.
Doch schon am Mittag, auf der Wiese,
kam über sie die Midlife-Krise.

❁

Ein alter Eisbär, grau und weise,
lebt unter uns und träumt vom Eise.
Als es so jung wie wir, das Tier,
war nämlich Eiszeit Nummer vier.

❁

Der Elch lebt nicht im Land der
    Schwaben,
doch Mäuse, Asseln, Küchenschuben.
Um all das fährt es rum, ganz schnell,
das Mercedes-A-Modell.

Hoch im Norden leben Elche
und zwar echte – nicht die, welche
IKEAs Klappermöbel zieren.
Habt doch Mitleid mit den Tieren.

❦

Elefanten könnten fliegen,
sie müssten nur die Angst besiegen,
die sie befällt in großen Höhen.
Drum hat man sie nie fliegen sehen.

❦

Voll Eifer stiehlt die Elster-Mutter
für ihre Elster-Kinder Futter.
Rein rechtlich ist das illegal,
doch Kind und Mutter ganz egal.

Der Emu ist dem Kreuzworträter
bekannt wie Sem, der Juden Vater.
Hingegen kommt das Stachelschwein
so selten vor wie Gantenbein.

Die Ente ist uns überlegen:
Sie taucht und fliegt und geht auf
       Wegen.
Wenn das die Menschen auch nur
       könnten ...
Was dann? Dann wär'n sie wie die
       Enten.

Wenn er des Erdmanns Haus
       zertrümmert,
der Elefant bleibt unbekümmert.
Nicht weil er von Natur aus roh.
Er merkt es nicht. Er ist halt so.

Wenn's dem Esel zu wohl wird, dann
 geht er aufs Eis.
So sagt's uns der Volksmund. Woher er
 das weiß?
Das ist mir ein Rätsel. Drum würde
 ich wetten,
dass kein Esel so blöd ist und dreht
 Pirouetten.

Esel, Maus und Elefant
sind farblich gleich, das ist bekannt.
Im Wesen sind sie unterschiedlich,
lediglich die Maus ist niedlich.

Die Eule hat man in Athen
seit vielen Jahren nicht geseh'n.
Zu ändern dies ist ohne Sinn,
denn keiner trägt dort Eulen hin.

Merk Dir bitte: Den Fasan
fasst niemals man am Kopfe an.
Auch will es ihn zutiefst verdrießen,
wenn man ihn packt an seinen Füßen.

Das Faultier schläft, im Wald
    verborgen,
vom späten bis zum frühen Morgen.
Nur kurz zum Frühstück wird man
    sehen:
Das Tier kann, wenn es will, auch
    gehen.

Dem Faultier, hängend an dem Ast,
ist nichts so abgrundtief verhasst,
wie wenn man an dem Baumstamm
    rüttelt
und das Tier herunterschüttelt.

Am Bodensee isst man gern Felchen,
trinkt Wein dazu aus edlen Kelchen.
Man lacht und liebt und man
    genießt's.
Jedoch das Felchen, das verdrießt's.

Von Ast zu Ast hüpft er und springt er
    ganz flink
und flötet und trällert und zwitschert,
    der Fink.
Geräuschlos dagegen am Boden steht
die Schnecke, wenn sie nicht vorwärts
    geht.

Mit Elektronik und Radar
fängt man den Dorsch und es ist klar:
Es geht einher mit Fischfangforschung
die gnadenlose Meerentdorschung.

Flamingos steh'n auf einem Bein
von früh bis spät, tagaus, tagein
und tun, als ob sie eins nur hätten.
Dabei sind's zwei. Da tät' ich wetten!

Es rächt sich Falke-Fledermaus,
erzählt der Sohn von Johann Strauß,
an seinem Freund, dem Eisenstein,
und legt ihn mit der Gattin rein.

Wenn man die Menschen reden hört,
sie dies und das und jenes stört.
Mich stört die Fliege in der Suppe,
doch auf dem Kopf ist sie mir schnuppe.

Es sprang einmal ein frecher Floh
von Wyoming nach Idaho.
Das Ganze machte keinen Sinn,
er wollte nämlich dort nicht hin.

Da, anders als die Schollen, Flundern
gern wandern, darf man sich nicht
       wundern,
dass man, weit weg vom Meeresstrand,
in seichten Flüssen Flundern fand.

Auf den schiefen Turm von Pisa
stieg ein Flusspferd namens Lisa.
Angesichts der großen Masse
von diesem Tier war's einfach Klasse!

Acht Forellen, frisch gefischt,
wurden Schubert aufgetischt.
Fünfe kamen ins Quintett,
dann aß er drei und ging zu Bett.

❀

Ein Frettchen saß in seinem Bettchen
mit einem Kettchen aus dem Städtchen.
Dies hatte ihm, das war doch nett,
zur Hochzeit mitgebracht sein Frett.

❀

Der kleine Frischling, statt zur Schule
geht sehr viel lieber in die Suhle
und wälzt vor Lust sich im Morast,
was ihm, doch nicht den Lehrern passt.

Der Diva sprang ins Dekolleté
ein kleiner Frosch beim hohen c.
Das c fiel drum noch höher aus
und kleiner aus fiel der Applaus.

Des Frosches Standort auf der Leiter
sagt uns, ob's schlecht wird oder heiter.
Wenn's schön bald wird, dann sitzt er
      oben
und unten, wenn Gewitter toben.

Es sitzt ein Fuchs, ein schlauer,
hoch droben auf der Mauer
und sieht die Trauben unter sich ...
... Herr Lafontaine ist ärgerlich.

Klaus Schredelseker

Es schießt der Jäger auf den Fuchs,
den Dachs, den Marder und den Luchs.
Die Schnake, die viel widerlicher,
ist klein und drum vorm Jäger sicher.

❊

Der Gamsbart ziert den Hut des
    Bayern
stets dann, wenn Bayern Feste feiern.
Auch schätzt's der Schütze in Tirol.
Nur für den Gamsbock ist's frivol.

❊

Im Wettkampf zwischen Gans und
    Tiger
zu Lande bleibt der Tiger Sieger.
Tobt in der Luft der Kampf hingegen,
sind Gänse deutlich überlegen.

Die Gans, wenn sie recht wohlgeraten,
wird gern am Martinstag gebraten.
Doch die, die da zu schmächtig noch,
kommt Christtags in das Ofenloch.

❃

Beliebt ist's bei Geiern in Bayern,
nach dem Legen von Eiern zu feiern.
  Doch keiner will brüten,
  das Nest stets nur hüten.
Drum fehlt es heut' Bayern an Geiern.

❃

Vor der Reform, da schrieb man *Gemse*
mit e, gerade so wie *Bremse*.
Doch jetzt, das ist der Wiener Schmäh,
schreibt *Gämse* man mit einem ä.

Giraffen und Affen haben gemein,
daß beide -affen wollen sein.
Doch Freund können sie nicht werden:
Den Affen macht die Gir-
      Beschwerden.

❦

Es sitzt der Gletscherfloh im Eis
und friert nicht, wie man heute weiß.
Nur weiß ich nicht, ob auch was sitzt
tief in der Wüste und nicht schwitzt.

❦

Der Goldfasan ist stark und prächtig,
doch Frau Fasan bleibt eher
      schmachtig,
sie zieht sich grau an, ganz diskret,
weil sie weiß, worauf er steht.

Es trinkt der Goldfisch in Fort Knox
am liebsten Whiskey on the rocks.
Er kriegt ihn auch und lebt recht gut,
weil dort für Gold man alles tut.

❀

Der Goliathkäfer hat sechs Beine,
drei rechts, drei links, dazwischen keine.
Auch Flügel hat er – und zwar vier:
Voll ausgestattet ist das Tier.

❀

Als Schutz für eine feine Villa
ist sehr geeignet der Gorilla:
Denn er ist nicht einmal so teuer
und man zahlt keine Hundesteuer.

Es zirpt der Grill mit ganzer Kraft
im Liebesrausch aus Leidenschaft.
Die Grille lässt sich nicht betören,
so kann man tagelang ihn hören.

❁

So viel ich weiß, das Gürteltier
wohnt nicht in unsrem Viertel hier.
Drum würd' ich wirklich gerne wissen:
Wer hat die Straße aufgerissen?

❁

Ein jeder weiß, der Habicht ist
im Wald der Kunstflugspezialist.
Er jagt, ganz ohne anzuecken,
behänd durch Äste, Sträucher, Hecken.

Ein Hahn aß mittags Hühnersuppe.
Er kannt' das Huhn. Doch war's ihm schnuppe,
denn dieses Huhn hat früh um acht
zum Hahnrei unsern Hahn gemacht.

❀

Man isst den Hai, den Dorsch, den Kabeljau, wohlerzogen nur mit Gabel.
Den Wal hingegen, der kein Fisch,
bringt man mit Messer auf den Tisch.

❀

Gefürchtet wird im Meer der Hai
vor Capri, Bombay und Hawaii.
An Land hingegen wird genossen
die Suppe aus den Haifischflossen.

Dem alten Haifisch fehlen Ohren,
so was hat er leider nicht.
Auch die Zähne sind verloren,
die er einst trug im Gesicht.
     (Frei nach Brecht)

❀

Es hatt' schon ein Jäger in Baden
mit Schrot seine Flinte geladen.
  Da kam ihm ein Hase
  direkt vor die Nase,
doch wollt' er dem Tierchen nicht
 schaden.

❀

Gibt man dem Hasen Fleisch vom
 Schwein,
wird er doch sehr verwundert sein.
Auch ist die Python schwer erschüttert,
wird sie mit Blumenkohl gefüttert.

Es spielt der Hecht im Karpfenteich
dem Karpfen manchen bösen Streich:
Erst jagt er ihn durch das Gewässer,
denn durchtrainiert schmeckt er halt
besser.

❁

Den Heilbutt auf der Autobahn
trifft man nur äußerst selten an.
Nur ab und zu bei Dämmerung
und einer Überschwemmung.

❁

Erst kommt die Henne, dann das Ei,
aus dem, wie's heißt, die Henne sei.
Die hat zu manchen Katastrophen
im Kopf geführt von Philosophen.

Ein Hering saß auf einem Baum
und hatte einen bösen Traum.
Ihm war, er sei ein Pfau, ein bunter,
vor lauter Schreck fiel er herunter.

❀

Kein Tier so edel sich bekleidet
wie's Hermelin, das es nicht leidet
in Jeans und Sweatshirt rumzugehen.
Nein! Niemals ließ es sich so sehen.

❀

Hippopotame sind possierlich,
mit Knopf im Ohr sind sie auch
    zierlich.
Doch ohne sind sie dick und fett
und stören sehr im Babybett.

Der Hirsch würd's Dasein mehr
	genießen,
würde man ihn nicht beschießen.
Drum auf die Jagd, französisch
	‚chasse',
hegt er abgrundtiefen Hass.

❀

Ein Hirsch hat meistens ein Geweih.
Zwei Hirsche haben deren zwei.
Die Hirschkuh wiederum hat keines,
doch deren Sohn ein klitzekleines.

❀

Den Wand'rer freut ein frohes Lied,
den Hirsch 's mehr in die Stille zieht.
Drum: Wollt ihr Hirsche röhren hören,
dürft ihr sie nicht mit Chören stören.

Obschon mit Hirschen nicht verwandt,
wird doch ein Käfer so genannt:
Weil für den Laien sein Geweih
so scheint, als ob's vom Flughirsch sei.

❀

Im Lenz sich die Hornissen küssen,
Winters, heißt's, sie's missen müssen.
Hingegen hätt' man wissen müssen,
dass sie selbst dann zu küssen wissen.

❀

Niemand sollte einen Huchen
auf einem Bergesgipfel suchen.
Genauso wie den Dackelhund
nie findet man am Meeresgrund.

In der Sauna saß ein Huhn.
Es hatte grad sonst nichts zu tun,
als in der Sauna drin zu sitzen
und ganz fürchterlich zu schwitzen.

❁

Ein wahrhaft starker, doch ein dummer
Zeitgenosse ist der Hummer:
Er kann sich mit zwei großen Scheren
nicht gegen eine Zange wehren.

❁

„Du Mensch" zu sagen zu dem Hund,
ist hart, verletzend, böse und
drum war der brave Butz oft sauer.
Butz war der Hund vom Schopenhauer.

Als Haus-Tier gelten Hund und
 Schwein.
Der Hund nur darf ins Haus hinein.
Das arme Schwein bleibt draußen und
bekämpft den inneren Schweinehund.

❀

Hundekuchen frisst die Katze
und schiebt ganz achtlos mit der Tatze
die Katzenzungen hin zum Hund.
Sie lebt gesund. Das ist der Grund.

❀

Herr Bozzi war ein Rechtsanwalt,
hartherzig, böse, menschlich kalt,
der erst erfuhr, zum Hund verwandelt,
wie's ist, wenn jemand garstig handelt.

Um Igelinnen zu verführen,
ließ sich ein Igel glatt rasieren.
Das aber war grad falsch gedacht:
Die Mädchen haben nur gelacht.

❀

Der Jaguar, fragt eure Kinder,
hat viel PS und zwölf Zylinder.
Der in den Anden, der hat vier
starke Tatzen. Schönes Tier!

❀

Ganz innig liebt der Kabeljau
aus ganzem Herzen seine Frau.
Nur: Zieht man beide aus dem Wasser,
wird auch ihr Liebesleben blasser.

Ein hochgebor'ner Kakadu,
der sagte zu der Mama Du.
Der Papadu verärgert schrie:
Nicht Mamadu heißt's, sondern -sie!

❀

Das Känguruh hat ries'ge Beine
nur hinten. Vorne hat es kleine.
Wenn sich's auf alle Viere stellt,
sein Junges aus dem Beutel fällt.

❀

Mit Hammer, Haken, Seil und Pickel
stieg auf den Tiger ein Karnickel.
Ganz unversehrt ist's angekommen,
nur hat's dabei stark abgenommen.

Kaninchen fühlen sich nur wohl
bei Rot-, Weiß-, Blumen-, Rosenkohl.
Sie tun das nicht ganz ohne Grund:
Wer täglich Kohl isst, bleibt gesund.

❊

Beschlossen wurd' im Karpfenteich:
Alle Fische, die sind gleich!
Doch blieb's, trotz Mehrheit, totes
      Recht,
denn and'rer Ansicht war der Hecht.

❊

Ein Karpfen und ein Salamander,
die bauten sich ein Floß mit'nander.
Zwei Plätze wurden angebracht:
Oben und unten. Wie klug erdacht!

Es aß sich ein Mädchen aus Andermatt
an Karpfen, Hecht und Zander satt.
        Dazu trank sie vier
        große Glas Bier
und dann fiel sie um gleich am Rand
    der Stadt.

❂

Ein Angler angelt aus dem See
'nen Karpfen und ein Portemonnaie.
Der Karpfen ist voll Cadmium
und 's Portemonnaie ist leer. Wie
    dumm.

❂

Dies lehren uns die Brüder Grimm:
Siehst Kater Du in Stiefeln, nimm
in Acht Dich vor des Katers List,
weil Du sonst schnell sein Opfer bist!

Das Kätzchen ist wie umgewandelt,
wird es statt gut, mal schlecht
          behandelt:
Statt still zu schnurren und zu lecken
wird's kratzen, fauchen, Zähne blecken.

❀

Garfield, dieser Schwerenöter,
Schrecken selbst der größten Köter,
er lügt, er stiehlt, er schneidet Fratzen
und jagt am liebsten and're Katzen.

❀

Zur Spekulation kauft' eine Katze
Kitekat-Aktien am Börsenplatze.
Dann fraß sie, zwecks der Dividende,
zuviel davon. Das war ihr Ende.

Katzen fressen Mäuse gern,
doch Mäuse ungern Katzen.
Drum haltet euch, ihr Mäuse, fern
vor scharfen Katzentatzen.

❀

Zum Kaulquapp sprach die Mutter
    böse:
Werd' endlich Frosch! Bei Deiner
    Größe!
So alt wie Du, hatt' ich schon
    Quappen.
Sie sprach's und ließ vom Storch sich
    schnappen.

❀

Warum im Schloss der Kellerasseln
hört man jetzt Asselgeister rasseln?
Ein Mörder tat die Asseln killen,
und zwar ganz gegen deren Willen.

Es ist das Los vom Kettenhund,
dass man ihn hält in Ketten und
von ihm verlangt, selbst bös' zu sein,
wenn jemand kommt, ihn zu befrei'n.

❧

Der Kiebitz gilt als äußerst neu-
gierig und kein bisschen scheu.
Sein größter Spaß, das ist beim Skat
zu schauen, wer die Buben hat.

❧

Kiwis, die sind ziemlich rund,
man sieht es an dem Vogel und
auch an der Frucht mit gleichem
    Namen.
(Drum sie zum gleichen Namen
    kamen)

Es klapperten die Klapperschlangen,
bis ihre Klappern schlapper klangen.
Dies ist nun nicht von mir gedichtet,
doch es ist wahr, wie man berichtet.

❀

Sieht man den Knurrhahn theoretisch,
so ist's kein Hahn, vielmehr ein
      Seefisch.
Das nimmt die neu'ste Forschung an,
wiewohl sich die auch irren kann.

❀

Es gäb heut' keine Teddybären,
wenn da nicht die Koalas wären,
die, obschon sie's gerne nähmen,
bis heute warten auf Tantiemen.

Die Kobra lebt in Mexiko
sowie im Zoo von Gütersloh.
Dort ist ihr Leben deutlich härter,
doch, da frei, auch lebenswerter.

※

Erstaunlich ist der Kolibri,
der in der Luft, gerade wie
ein Helikopter stehen bleibt
und sich den Nektar einverleibt.

※

Steckst Du die Krabbe in den Kübel,
so nimmt sie Dir das furchtbar übel.
Drum rat ich Dir, nicht reinzulangen.
Sie zwickt sonst fest mit ihren Zangen.

Der Krähe ist, wird sie geduscht,
danach der ganze Tag verpfuscht.
Gern putzt sie das Gefieder sich,
doch Wasser ist ihr widerlich.

※

Den Kranich nennt man Kranich, seit
ein solches Tier zur Nest-Bau-Zeit
vernehmlich „Bin ein Kran ich?"
     krächzte,
als unter einer Last es ächzte.

※

Wenn Krokodile eitel wären,
käm' auch der Mensch zu neuen Ehren.
Denn dort wär' es die neu'ste Masche,
zu haben eine Menschentasche.

Es lebt im Nil das Krokodil
und frisst sehr viel mit Haut und Stiel.
Zwar ohne Maß, doch mit viel Spaß,
kriegt's mal nur Gras, so fehlt ihm was.

❦

Von allen Ängsten ist der Kröte
am schlimmsten die, dass man sie töte.
Drum bitt' ich, recht schön Acht zu
      geben,
damit ihr bleibt ihr Krötenleben.

❦

Der Kuckuck ist ein ganz bequemer,
der Ökonom sagt „Free-ride-Nehmer",
er tut, was viele Menschen tun:
Lässt andre schuften und will ruh'n.

In Japan gilt der Kugelfisch
als äußerst delikat bei Tisch –
nur: Wer zu putzen ihn vergisst,
ihn nie ein zweites Mal mehr isst.

❦

Die Kuh war tagelang verstört,
als man sie endlich aufgeklärt.
Dabei fiel sie aus allen Wolken:
Was? Ochsen werden nicht gemolken?

❦

Es kum zu 'ner Tiroler Kuh
in Sommerfrische mal ein Gnu.
Es aß mit sehr viel Spaß das Gras.
Zum Melker, doch, sagt's: „Lass er das!"

Die Kuh, frühmorgens lacht im Stall,
wenn draußen singt die Nachtigall.
Sie weiß: Nur lautes Kuh-Gemuhe
bringt den Bauern aus der Ruhe.

❀

Voll Erbarmen sah die Kuh
den Fußballstars beim Fußball zu.
Und sagte sich: Wie blöd die sind,
gottlob bin ich ein kluges Rind.

❀

Man hängt heut Zuchtlachs (oder
    -salm)
für zwei, drei Stunden in den Qualm,
verkauft das Zeug dann furchtbar
    teuer.
Viel besser sind die Kabeljäuer.

Es ist zwar nicht ein großes Drama,
doch schon verdrießlich, wenn das
      Lama
dem Zoobesucher, der nur guckt,
ganz ungeniert auf's Auge spuckt.

※

Wie jeder weiß, lebt die Langüste
am liebsten wasserseits der Küste.
Oft versucht, doch nie geschafft:
Langustenzucht in Berglandschaft.

※

Wenn mal ein Laubfrosch auf der
      Leiter
ganz oben sitzt, dann wird es heiter.
In Wuppertal hat vor fünf Jahren
man zwei geseh'n, die oben waren.

Auf einem Blatt an einem Baum
saß eine Laus. Man sah sie kaum.
Selbst als der Herbst ins Land
    gekommen,
hat niemand sie dort wahrgenommen.

❁

Der Leopard macht die Dompteuse
durch sein Gedöse richtig böse.
Dem Fotosafarist hingegen
kommt Phlegma gar nicht ungelegen.

❁

Es werden „Lerchen ohne Kopf"
geschmort gern im Franzosentopf.
Wer sie verspeist, macht sich nicht
    Schande:
„Rouladen" heißt das hierzulande.

Klaus Schredelseker

Als froher, munterer Geselle,
gilt allenthalben die Libelle.
Sie ist begnadet, fliegerisch,
doch leider auch sehr kriegerisch.

❁

Passagen, Piaffen, Pirouetten,
Bereiter drauf mit Epauletten,
es sind die Lipizzaner-Hengste
Beamte ohne Zukunftsängste.

❁

Des Löwen Zahn die Beute reißt,
der Löwenzahn ist zahm zumeist.
Dies zeigt, wie wichtig es doch ist,
dass man den Casus nicht vergisst.

Der Löwe ist sehr aufgebracht,
wenn man ihn hänselt und verlacht.
Das Tier ist stark zwar, doch es ist
auch sehr sensibel, dass ihr's wisst.

❀

Löwen mögen Möwen leiden,
doch Möwen sollten Löwen meiden.
Denn der Löw' die Möwe frisst
auch dann, wenn die ganz freundlich
      ist.

❀

Es frisst der Luchs nie einen Lachs,
es schreibt ein Fuchs niemals ein Fax.
Der Archedux schießt keinen Dachs,
jedoch in Tux ist's hell des Tags.
      (Erstaunlich, isn't it?)

Ein bayrischer Luchs wollte wandern
zu seiner Freundin nach Flandern.
      In Ulm war er's leid,
        es ist doch recht weit.
So blieb er in Ulm bei 'ner andern.

❀

Von allen Tieren macht der Lurch
auf dieser Welt am meisten durch:
Sind Luft und Wasser stark
      verschmutzt,
ist's schlimm für ihn, der beides nutzt.

❀

In einem Mehlsack ließ von Bremen
sich eine Made nach China
      mitnehmen.
Und weil sie meint, es glaubt ihr
      keiner,
schreibt sie auf alles „Made in China".

Es schwimmt im Wasser die Makrele,
ist freundlich und 'ne gute Seele,
nie dass sie zubeißt oder sticht –
nur Fischer, denn die mag sie nicht.

❀

Ein Marder saß allein im Bau,
am Jagdtag war's, und ohne Frau.
Das hat zwar durchaus ihn verdrossen,
doch lieber Frust statt totgeschossen.

❀

Dies ist des Mastrinds Lebensweg:
Fressen, Saufen, Schlachtbank, Steak.
Für Spaniens Toro – immerhin –
gibt's vorher auch noch Lebenssinn.

Die DDR, die ist nicht mehr.
Das freut die Deutschen alle sehr,
nur einen ärgert's, er ist sauer:
Dem Mauersegler fehlt die Mauer.

❀

Ist das Maultier nun ein Pferd,
zu dem ein Eselteil gehört?
Oder sieht als Esel man
das Tier mit etwas Pferd drin an?

❀

Der Maulwurfboss befahl dem Paul,
dem jungen Maulwurf: Wirf jetzt
      Maul!
Doch dieser mault nur ganz erschlafft:
Der Maulwurfboss g'hört abgeschafft!

Die Maus vor Angst sich schaudernd
 schüttelt,
wenn in der Luft der Falke rüttelt.
Auch wenn sie schnell sich sucht ein
 Loch,
es nützt ihr nichts. Der kriegt sie doch.

❁

Bei einer Bundestagsdebatte,
grad als Herr Kohl begonnen hatte,
sah auf dem Pult er eine Maus.
Noch heute lacht das Hohe Haus.

❁

Ein armes Mäuschen fand sich
 hässlich,
zu unbeholfen und zu blässlich.
Drum ging es ins Solarium
von Kater Murr und kam drin um.

Das Meerschwein hat mit einem
      Schwein
so viel zu tun wie Mein und Dein.
Beachtlich ist die Symmetrie
von Sachenrecht und Zoologie.

❦

Die Meise ist ein nettes Tier
und kann, weiß Gott, rein nichts dafür,
dass oft es heißt: Nur bitte leise,
der Kerl dahinten hat 'ne Meise.

❦

Der Mensch wird in die Welt geboren
als Säuger, Spezies Omnivoren.
Doch soll's, so hört man, welche geben,
die nur von Korn und Grünzeugs
      leben.

In Mailand schreit man laut „Milan"
und schaut rot-schwarze Männer an.
Doch den Milan, ob rot, ob schwarz,
gibt's kaum in Mailand, oft im Harz.

❀

Es hat der Name von den Milben
mit „Mil" und „be" genau zwei Silben.
Für jemand, der die Sprache lehrt
ist grade dies bemerkenswert.

❀

In Weimar sitzt die liebe Lotte
und stopft das Loch, das eine Motte
gefressen hat in Goethes Hemd.
Des Dichters Ruhm ist Motten fremd.

Klaus Schredelseker

Im Sommer lieben es die Mücken,
auf meinem Rücken frühzustücken.
Im Winter, wenn der ganz bedeckt,
kein Muck nach Blut das Maul sich
      leckt.

※

In Deutschland war es ausgestorben,
das Mufflon. Drum hat man erworben
sechs Paare einst in Korsika.
Heut' gibt es hier weit mehr als da.

※

Man sagt, der Mungo sei sehr schnell:
Erst kommt das Tier, dann das Gebell.
Es überholt gar seinen Schall
ganz ohne den gewohnten Knall.

Der Waidmann sagt zum Murmeltier
nicht einfach „Murmeltier" wie wir.
Der Mann heißt „Bär", die Kleinen
 „Affen"
und „Katzen" die, die Affen schaffen.

❀

Der Belgier liebt die Mosselen,
der Römer mehr die Drosselen,
in Bochum mag man lieber Wurst,
denn nur die Wurst macht richtig
 Durst.

❀

Es mussten im Watt fünf frierende
 Muscheln
vor Kälte sich eng zusammenkuscheln.
Doch als dann ein Mann sie zu sich
 einlud,
war's wieder nicht recht: Zu heiß war
 der Sud.

Klaus Schredelseker

Als nachts die Nachtigallen sungen,
hat alle das mit Glück durchdrungen.
Noch lange hat es nachgeklungen
bei den Alten, nicht den Jungen.

❦

'nen schwarz-rot-gold'nen Nasenbär,
den ärgern seine Farben sehr.
Nicht etwa, weil's die deutschen sind.
Nein. Nur weil er sie hässlich find't.

❦

Zwei Arten gibt es bei den Nas-
hörnern. Leicht vergisst man das.
Des einen Nase ziert *ein* Horn,
des andern *zwei*: eins hint', eins vorn.

Die Natter tut sich schwer beim
    Stehen.
Die Venusmuschel mag nicht gehen.
Der Fink ist unbegabt im Schwimmen.
Die Schildkröt' ist's beim Berg-
    Erklimmen.

❀

Riesengroß ist das Geschnatter
im Ententeich, wenn eine Natter
den Kopf frech aus dem Wasser streckt
und so die braven Enten schreckt.

❀

Mit Haarwuchsmitteln man dem
    Mann
mit Glatze Freude machen kann.
Es freut den Nerz hingegen, dem
sein Leben wert, Enthaarungscreme.

Klaus Schredelseker

Jedes Jahr, und das ist teuer,
sucht in Loch Ness man Ungeheuer.
Doch in Loch Dhu, nicht weit von hier,
wohnt Nessie jetzt, das schlaue Tier.

❀

Ein feines Nilpferd hasst den Nil,
denn dieser Nil ist ohne Stil.
Die Upper-Ten der Nilpferdrasse
fährt drum zum Rhein. Jet, erste
           Klasse.

❀

Das Nilpferd fühlt sich wohl im Nil,
die See bedeutet ihm nicht viel.
Beim Seepferd, obschon auch ein Pferd,
ist alles dies grad umgekehrt.

Tieraden

Die (Falter-)Nonne frisst die Nadeln
vom Tannenbaum. Das ist zu tadeln.
Die (Kloster-)Nonne tut dies nicht,
steckt auf den Baum ein Kerzenlicht.

❀

Dem Ohrwurm ist es vorbestimmt,
dass er ein frühes Ende nimmt,
denn niemand lässt sich gerne bohren
in seinen frisch gewaschenen Ohren.

❀

Es hatt' ein Opi kein Okapi
und's Okapi hatt' kein Opi.
Ich riet den beiden, dass mit Leih-
Opas das zu ändern sei.

Du kommst bei einem Orang-Utan
mit Geist und Witz nicht grade gut an.
Viel eher lässt er sich gewinnen
vom Reiz der Orang-Utaninnen.

❀

Was kann das Ozelot dafür,
dass Damen von der Haute-Couture
sich mit seinem Fell bekleiden?
Drum wird es feine Damen meiden.

❀

Als weltgewandter und galanter
Zeitgenosse gilt der Panther.
Wenn er mit einer Dame spricht,
hört er ihr zu und frisst sie nicht.

Ein Papa- und 'ne Mama Gei,
sind, wenn man rechnet, grade zwei.
Doch legt die Mama Gei drei Eier,
so sind es schnell fünf Papageier.

❧

Der Pavian ist sehr gewandt
und greift, wie wir, mit seiner Hand.
Nur – gibt man Goethe ihm zu lesen,
zeigt sich das gänzlich and're Wesen.

❧

Zum Club der aufgeklärten Pfauen
lässt man jetzt zu zwei Pfauen-Frauen.
Denn respektiert wird auch beim Pfau
das heilige Jahr der Denkmals-Frau.
(1975)

Ein Außenseiter hat gewonnen.
Die Fachwelt ist ihm wohl gesonnen.
Der Favorit hingegen, der
nur Zweiter wurde, gilt nichts mehr.

❀

Ein Pferderennen unter Wasser
ist anders. Erstens deutlich nasser
und zweitens, das ist viel gescheiter:
Das Seepferd rennt auch ohne Reiter.

❀

„Schimmel" heißt ein weißes Pferd
und „Rappen", wenn es schwarz geteert.
Ist's rotbraun, wird es „Fuchs"
      genannt,
und „Wallach", wenn man es entmannt.

Ein Pillendreher drehte Pillen
und dachte sich dabei im Stillen:
Wenn ich so weiter Pillen drehe,
dann tun mir bald die Beinchen wehe.

❁

Der Pinguin trägt einen Frack,
das zeugt von Stil und von Geschmack
und ist bekannt. Doch nicht die fesche,
darunter getragene Unterwäsche.

❁

Der Pinguin, das ist bekannt,
lebt mal zu Wasser, mal zu Land.
Zu Wasser, wenn's an Land zu trocken,
zu Land, wenn dort die Freunde
    hocken.

Im Amazonas schwamm die Tanja,
da kam von hinten ein Piranja
und biss in ihren hübschen Po.
Piranjas sind entsetzlich roh.

❁

Nach Innsbruck, in das Land Tirol,
kam von weit her mal ein Pirol.
Im Grund wollt' er nach Afrika,
doch fand er's schön hier und blieb da.

❁

Der Pluvian pickt gern und viel
aus dem Gebiss vom Krokodil.
Ein kleiner Vogel, der gern frisst,
ist grad so gut wie ein Dentist.

Der Pottwal liebt es sehr, das Meer:
denn es ist kalt und menschenleer.
Die Wale fänden's nicht so toll,
wenn's warm wär und von Menschen
      voll.

❧

„Pottwal blau" schmeckt jedem gut:
Man bringt zwölf Hektoliter Sud
mit Zwiebeln, Salbei, Salz zum Kochen
und lässt ihn ziehen sieben Wochen.

❧

Von allen Tieren sind's die Quallen,
die mir am wenigsten gefallen.
Wenn durch die Zehen Quallen quillen,
empfind am Strand ich Widerwillen.

Von Wilhelm Busch weiß ich, dass
      Raben
für Schabernack was übrig haben;
so suchte stets ein Abenteuer
Hans Huckebein, das Ungeheuer.

❀

Ein Rabe namens Huckebein,
in jeden Fettnapf trat er rein,
nie war ein kleines Glück ihm hold.
Wilhelm Busch hat's so gewollt.

❀

Die Ralle trinkt nie Wein, nie Bier –
ein echtes Abstinenzlertier.
Drum sieht man niemals volle Rallen
grölend aus der Rolle fallen.

Als die zitronengelbe Ratte
die Flasche Rum getrunken hatte,
war sie – nach Goethes Farbenlehre –
so grün wie eine Stachelbeere.

❁

Die Ratte ist des Punkers Zier,
auf seiner Schulter sitzt's, das Tier.
Bei feinen Damen ist die Stelle
meist reserviert für edle Felle.

❁

Die große Ratte namens Walter
war zu behände für ihr Alter.
Drum hat es niemand sehr bedauert,
als wir sie einfach eingemauert.
(1982)

Die Raupe (englisch Caterpillar)
ist ein Kriecher, ein ganz stiller.
Der Caterpillar auf dem Bau
macht viel Gestank und viel Radau.

❁

Das Rebhuhn jagt man meist mit
    Hunden,
die vorsteh'n, wenn sie eins gefunden.
Das Huhn sieht nur den Hund –
    beklommen –
und sieht den Jäger dann nicht
    kommen.

❁

Die Reblaus schützt das Mimikri
im Riesling wie im Pinot gris.
Sie passt, was Winzer sehr verdrießt,
sich jedem Wein an und genießt.

Der Jäger zielt mit Flinte/Büchse
auf Rehe, Enten, Sauen, Füchse –
und häufig auch nur neben diese
aus Mitleid in die grüne Wiese.

❁

Das Reh fühlt sich vom Mensch
      gestört,
vorausgesetzt, dass es ihn hört.
Wenn's nichts hört, wittert es, das Reh,
doch dann nicht, wenn der Mensch im
      Lee.

❁

Des Reihers Freude ist's, allein
im Teich zu steh'n auf einem Bein.
Nur eines gibt's, was ihn mehr freut:
Zweibeinig steh'n (das heißt: zu zweit).

Klaus Schredelseker

An einem Weiher nah bei Speyer
lebt ein alter Silberreiher,
der meist auf einem Beine steht,
wenn er nicht grade fischen geht.

❀

In Bayerns Seen gibt es Renken,
die – will man sie in Butter schwenken
und verzehren mit Genuss –
man vorher fangen und braten muss.

❀

Das Rentier liebt den kühlen Norden,
ist dort gebor'n und groß geworden.
Den Rentier hingegen reizt
der Süden mehr, der gut beheizt.

Das Rind hat nichts Romantisches,
schon gar nicht was Bacchantisches:
Es reicht fürs Bullen-Seelenglück:
a) Kuh, b) Bach, c) Wiesenstück.

❁

Es ringelt sich die Ringelnatter
selbst durch das engste Hühnergatter
und nach 'nem feinen Kükenschmaus
da ringelt sie sich wieder raus.

❁

Obwohl der Rochen voller Knochen,
wird der beim Kochen auf ihn pochen,
der – von Herrn Bocuse geleitet –
eine Bouillabaisse bereitet.

Don Quichotte, als kleiner Ritter,
brauchte keinen Babysitter
und auch keine Gouvernante:
Er hatte seine Rosinante.

❀

Den Rüttelfalk der Ekel schüttelt,
wenn er, nachdem er lang gerüttelt,
herabgestoßen aufs Karnickel
erkennen muss: Das Vieh hat Pickel!

❀

Schwärzer als die „schwarzen Mander"
sind die Alpensalamander.
Die im Flachland sind gescheckt;
gestreifte sind noch nicht entdeckt.

Sardinen hassen Dosen sehr,
die Ölsardine hasst das Meer.
So ändert sich durch die Verstauung
ganz drastisch auch die
　　　　Weltanschauung.

❦

Der Saurier, der war riesenhaft,
zwölf Meter lang und voller Kraft.
Als Haustier hätt' ich ihn erworben,
wär er nicht längst schon ausgestorben.

❦

Die Schabe und der Kakerlak
sind nicht nach jedermanns
　　　　Geschmack.
Drum geht die brave Küchenmagd
von Zeit zu Zeit auf Kammerjagd.

Klaus Schredelseker

Habt vor Schafen doch mehr Achtung,
die – jedoch nur vor der Schlachtung –
als Rasenmäher Dienste leisten.
Zwar nicht alle, doch die meisten.

※

In Wien die Wiener zu ermorden,
ist heute ziemlich schwer geworden,
in Schach hält Rex die Unterwelt,
wenn er nicht Semmeln frisst und bellt.

※

Er ist kein tiefer Schläfer und
drum sehr beliebt, der Schäferhund,
wo's gilt, das Haus und edle Sachen,
wenn andre schlafen, zu bewachen.

Der Versuch, ein Tiergedicht
zu schreiben – oft gelingt er nicht:
Beim Versmaß hab' ich große Nöte
bei der Schwarzbauchschmuck-
	schildkröte.

❀

Die Schnecke, wenn man sie
	verscheucht,
sich plötzlich in ihr Haus verfleucht.
Und lässt sich, für geraume Zeit,
nicht nehmen die Gemütlichkeit.

❀

In Finkenwerder brät man Schollen,
weil das die Leute dort so wollen,
mit frischer Butter und mit Speck
und isst sie mit dem Fischbesteck.

Im Sommer sieht man allenthalben,
wie die Kindlein von den Schwalben
verbissen fliegen lernen wollen,
da sie bald weit weg fliegen sollen.

❦

Eigenartig ist geformt
der Schwamm und völlig ungenormt.
Doch der aus Polyplastofix
ist glatt und grad. Nur taugt er nix.

❦

Ein Jungschwein, wenn es gut geraten,
schmeckt wundervoll als
      Schweinebraten.
War jedoch die Sau ergraut,
isst man Geselcht's auf Sauerkraut.

Und der Schwertfisch, der hat Schwerter,
und die trägt er im Gesicht.
Sieht er den Aquariumswärter,
sticht er zu. Er mag ihn nicht.

❧

Der Seegurk lebt am Meeresgrund
und hat 'nen riesengroßen Schlund.
Sonst hat es nichts, das arme Tier:
Drum schaut es anders aus als wir.

❧

Des Seehas' Eier, klein und rund,
als deutscher Kaviar, sehr gesund,
isst gerne man zum Osterei.
Das bringt der Landhas' dann vorbei.

Klaus Schredelseker

Der Seehund und der -elefant
sind miteinander artverwandt.
Dagegen find't im gleichen Rudel
man niemals Elefant und Pudel.

❀

Im Theater zum Geschmeide
die feine Dame trägt nur Seide.
Die Seidenraupe hat's gesponnen.
Wie gesponnen, so zerronnen.

❀

Es gilt als elegant der Setter,
zumindest bei ganz gutem Wetter.
Wenn's nämlich draußen sturmt und
      braust,
wirkt auch der Setter recht zerzaust.

Das Silber von dem Silberfisch
ist unecht, falsch und trügerisch.
Tät's Fische mit echt Silber geben,
so ließ man sie gewiss nicht leben.

❁

Des Skorpions Stachel sitzt am Ende
des Tiers und wird von dort behände
nach vorn gestoßen übers Haupt.
Wer hat dem Tier solch' List erlaubt?

❁

Komm ja nicht näher, schreit der
    Skunk,
sonst mache ich gewaltig Stunk.
Schon mancher, der's nicht ernst
    genommen,
ist im Gestank dann umgekommen.

Nicht eignet sich zur Stubenhaltung
der Skunk, denn die Geruchsentfaltung
von diesem Tier ist ungeheuer.
Und Chanel N° 5 ist teuer.

❀

Es schlägt der Specht in Bäume
      Löcher,
Höhlen, Gräben noch und nöcher.
Wenn dann der Baum zusammen-
      kracht,
dem Specht das große Freude macht.

❀

Bei der Brautschau hat der Sperber
leider häufig Mitbewerber.
Doch hat, zum Glück, die Sperberin
auch manche Mitbewerberin.

Die Spinne hat der Beine acht,
es sei denn, sie war unbedacht
und hat sich eines abgerissen:
Sie wird mit sieben leben müssen.

❀

Die Nas' des Spitzes ist sehr spitz.
Der Boxer findet's einen Witz,
die Nas' von ihm ist stumpf und platt,
woran der Spitz zum Lachen hat.

❀

Die Spitzmaus ist vorn angespitzt
und hinten stumpf, worauf sie sitzt.
Bei Wespen ist das umgekehrt,
was ihre Unbeliebtheit klärt.

Man weiß von Kiel, dass sich dort
    Sprotten
in großer Zahl zusammenrotten.
Im Mittelmeer sind's die Cousinen
von jenem Tier, die (Öl-)Sardinen.

❀

Das Stachelschwein ist so gebaut,
dass der, der es im Zorne haut,
von wildem Schmerz erfasst laut schreit
und seine Schläge tief bereut.

❀

Es fliegt der Star nach Afrika
im Herbst, weil es viel wärmer da.
Beim Überfliegen von Italien
macht man aus ihm oft schlicht
    Fressalien.

Der Steinbock reckt sein starkes Horn,
wenn er den Kopf senkt, stracks nach
         vorn.
Und wenn er dann nach oben schaut,
das Horn ihm in den Rücken haut.
            (Wovor ihm graut)

❀

Es ließ sich ein Steinkauz aus Weiden
von seiner Frau plötzlich scheiden.
            Befragt nach dem Grund,
         gab jedem er kund:
Noch nie konnte Frauen ich leiden.

❀

Den Stier, den ärgern rote Farben.
Toreros haben drum oft Narben.
In Lappland ist's dem Stier zu kalt,
so bleibt der Lappe wohlgestalt.

Das Stinktier wird von dem Gestank,
den es verbreitet, selbst nie krank
und kann darum es nicht verstehen,
dass andere das anders sehen.

※

Der Storch ist heut' fast ausgestorben.
Er hatte sich viel Ehr' erworben,
weil er fast allen Kindern brachte.
Sein Pech, dass er an sich nicht dachte.

※

Taguan wird es genannt,
ist mit dem Eichhorn eng verwandt.
Verwirrend ist das Präfix „Tag-",
da es die Nacht viel lieber mag.

Es ist der Tapir ungehalten,
will man ihn physisch umgestalten.
Er ist zwar nicht besonders schön,
doch seine Freunde mögen ihn.

❦

Recht unbeliebt ist Taubenhaltung
beim Nachbarn ob der Schmutz-
    entfaltung.
Auch häufig fühlt sich der gestört
durch Gurren, das man weithin hört.

❦

Ein Tausendfüßler auf dem Rad
kaum einen ernsten Gegner hat.
Neunhunderttachtundneunzig Beine
hat er zum Treten. Wenn auch kleine.

Den Teddy, den mag jedes Kind,
weil Teddies lieb und kuschelig sind.
Vor Koalas, Teddy's Paten,
im Kinderbett ist abzuraten.

❀

Der Tiger findet's unerhört,
fühlt er beim Essen sich gestört.
Drum: Siehst Du einen, sei schön leise,
sonst wirst Du selber Tigerspeise.

❀

Der Tintenfisch erregt für viele
Menschen I-Ba-Ba-Gefühle,
weil er so schlabbrig, unbebeint.
Nicht weil's so ist; nein, weil's so
    scheint.

Selten kommt der Tintenfisch
in deutschen Landen auf den Tisch.
Drum: Oktopusse und Kalmare
sind Freunde Deutschlands; und zwar wahre.

❁

Der Adler ist das Wappentier
von Österreich und auch von hier.
Hammer, Sichel trägt der eine,
der andere hat nackte Beine.

❁

Der Tölpel gilt als ungeschickt,
als Tier, dem ständig was missglückt.
Der Mensch hat dieses Etikett
ihm umgehängt. Das war nicht nett.

Es ist doch äußerst sonderbar,
dass Trampeltier und Dromedar,
obschon aufs innigste verwandt,
nicht leben in demselben Land.

❧

Den weißen Trüffel, fest und fein,
den sucht man mit dem Trüffel-
      schwein.
Und dieses Schwein kriegt einen Rüffel,
frisst's einen dieser feinen Trüffel.

❧

Den Uhu übersieht man leicht,
da in der Nacht das Licht nicht reicht,
und weil am Tag, wo man gut sieht,
der Uhu meistens sich verzieht.

Das Ur heißt Ur, weil es zu Ur-
zeiten lebte, wo man Uhr-
macher noch nicht brauchte, weil
man lebte ohne Hast und Eil'.

❧

Ein Vierhorn- traf ein Zweihorn-
　Schaf,
das seinerseits ein Hausschaf traf.
Der Schafe waren es dann drei
mit einem Hörnerschnitt von zwei.

❧

Die Viper hasst's, den Mensch zu
　beißen,
und sucht, kommt wer, noch
　auszureißen.
Erst wenn der Mensch das Tier
　bedroht,
dann beißt sie zu – und er ist tot.

Von acht Wachteln grad ein Achtel,
das ist genau 'ne ganze Wachtel.
Von sechsen wärn's drei Viertel Stück,
ja, so brutal ist Mathematik.

❁

Der junge Wal kommt aus der Wälin,
wie der Westfal aus der Westfälin.
So wie der Mensch, das merke Dir,
ist auch der Wal ein Säugetier.

❁

Ein Walross hatt' es an den Nieren
und niemand wollte es kurieren.
Ärzte gibt's für Ross und Wal,
doch nicht für beides im Spital.

Der Bart vom Walross ist zumeist,
wenn's auf dem Eise sitzt, vereist.
Nur manchmal ist der Bart
    verschwitzt –
dann, wenn es in der Sonne sitzt.

❁

Von siebenhundertfünfzig Wanzen
kann meist nur eine richtig tanzen.
Das ist fatal. Denn ihr Problem
beim Wanzentanz heißt stets: Mit
    wem?

❁

O Warzenschwein, o Warzenschwein,
wie schön sind Deine Warzen.
Die einen groß, die andern klein,
am schönsten sind die schwarzen.
    (zur Melodie: O Tannenbaum …)

Schmutz ist dem Waschbär äußerst
      peinlich
beim Essen. Hier ist er sehr reinlich.
Der Dreck an Pfoten, Schwanz und
      Bauch,
der macht ihm nichts. Wozu denn
      auch?

❊

Der Wasserfloh, der heißt nur so,
hat nichts zu tun mit einem Floh.
Dagegen trifft als Wassermann
zuweilen auch 'nen Mann mal an.

❊

Von Knödeln wird's dem Weberknecht,
wenn er sie frisst, entsetzlich schlecht.
Er sollte drum, um nicht zu leiden,
ganz einfach diese Dinger meiden.

Es sind die fett'sten Weinbergschnecken,
die dem Gourmet am besten schmecken.
Wenn dies die Schnecken erst
 entdecken,
wird's ihr Diätinteresse wecken.

❀

Dem Wellensittich sind die Wellen
– Wellen sind im Wasser Dellen
mit Wellenberg und Wellental –,
weil er nie schwimmen geht, egal.

❀

In den Wind macht man die Wende,
vor dem Wind halst man behände.
Da's beides nie zusammen gibt,
sind Wendehälse unbeliebt.

Der Wiedehopf, der arme Tropf,
hat auf dem Kopf 'nen Federschopf.
Und wenn der fehlt auf seinem Kopf,
dann ist es auch kein Wiedehopf.

❦

Es lief mal ganz flink ein Wiesel
von Cham übern Arber nach Zwiesel.
Der Arber brummte ganz verstört:
He, Sie, das kitzelt unerhört!

❦

Gen Süden flog in praller Sonne
die Wildgans und empfand's als
     Wonne.
Da schrillt ihr Vater aufgebracht:
„Wildgänse rauschen durch die
     Nacht …"

Ein Windhund maß sich einst im
        Joggen
mit drei Dackeln und zwei Doggen
und kam als Erster durch das Ziel.
Bei diesen Gegnern heißt's nicht viel.

❀

Der Laie fragt sich: Wieso nur
sind Wisent, Rind, auch Bison, Ur
verwandt, wie es die Forscher sagen.
Ob die da nicht die Zweifel plagen?

❀

Der Wolf in Rom war sehr geschätzt,
man hat ihn gar in Stein gemetzt
und Kindlein unter ihn gesetzt.
Bei uns hat man ihn totgehetzt.

Vom Wolpertinger ist bekannt,
dass er nur lebt im Bayernland.
Doch hat er in der Pfalz 'nen Vetter,
ähnlich selten, nur noch netter ...

✿

… Ilwedritsch heißt dieses Tier.
Am besten fängt man's nachts um vier.
Mit Knüppel, Sack und Kerzenlicht –
doch nicht zu grell, sonst kommt es
      nicht.

✿

Das Haus vom Wurm ist eng und lang
und ändert sich's, ist ihm nicht bang:
Wird es in seinem Bau mal enger,
so macht er dünner sich und länger.

Würmer, Schlangen, Schleichen eint
die Form und dass sie unbebeint.
Im Wesen sind sie unterschiedlich,
die einen bös, die andern friedlich.

❁

Es ist ein Grundprinzip von Zandern,
sich zu verstecken, statt zu wandern.
Wär dieses nicht so, sondern anders,
gäb's häufiger vom Fleisch des
    Zanders.

❁

Der Heckenschütze sucht die Hecke,
damit sie ihn vor'm Feinde decke.
Doch in der Hecke wohnt die Zecke,
die bringt den Schützen dann zur
    Strecke.

Im Winter, wenn es kalt und eisig,
friert mehr als andere der Zeisig.
Er hat kein buschiges Gefieder
und wenig Speck um seine Glieder.

❀

Es ist nicht einfach, drei Stück Ziegen
auf einer Waage abzuwiegen.
Wenn Du die dritte schaffst herbei,
springt von der Waage Nummer zwei.

❀

Das Ziesel sehr dem Eichhorn gleicht.
Im Hochgeäst, das unerreicht
für andre ist, springt es herum.
Es tut es gern. Wer weiß warum?

Im Süden die Zikaden bringen
durch ihr Gezirp die Luft zum Klingen.
Genieß es und lass Dich nicht stören,
nichts Schön'res gibt's als zuzuhören.

❀

Wenn sich ein Zitteraal vermählt,
er sich was Zitteriges wählt,
nur wenn die Älin richtig zittert,
wahres Eheglück er wittert.

❀

Seit Jahren lebt im Zillertal
im Ziller drin ein Zitteraal,
ein alter, der ganz angstvoll zittert,
wenn's im Zillertal gewittert.

*Im Zoo gibts rechts und links vom
         Zaun
welche, die hinüberschaun.
Und jeder meint, dass die da drüben
es besser haben als die hüben.*

Der Pegasus hat sowohl Flügel
als auch – das macht ihn einzig – Zügel.
Wenn diese gleiten aus der Hand,
kommt so was raus wie dieser Band.

Register

A
Aal 7, 116
Adler 7, 104
Affe 8, 37, 72
Albatros 8
Alligator 8
Alpensalamander 89
Ameise 9
Ammer 10
Amsel 10
Antilope 10
Assel 25, 53
Auerhahn 11
Auster 11, 12

B
Bache 12
Bandwurm 12
Bär 17, 19, 72
Barrakuda 13
Bernhardiner 13
Biber 14
Biene 14, 22
Bison 112
Blattlaus 15, 62
Blauwal 15
Blindschleiche 15
Bock 16
Borkenkäfer 16
Boxer 16, 98
Brasse 17
Braunbär 17
Bremse 17, 36
Brieftaube 18
Brillenschlange 18
Bücherwurm 18
Büffel 19
Bulle 19, 88
Butt 19

C
Chamäleon 20
Chinchilla 20
Chow-Chow 21

D
Dachs 21, 35, 64
Dackel 21, 45, 112
Delphin 22
Dogge 112
Dompfaff 22
Dorsch 30, 40
Dosenfisch 22
Dromedar 105

Tieraden

E

Eber 23
Egel 23
Eichelhäher 23, 24
Eichhorn 24, 101, 115
Eidechse 24
Eintagsfliege 25
Eisbär 25
Elch 25, 26
Elefant 26, 27, 28, 95
Elster 26
Emu 27
Ente 27, 74, 86
Erdmann 27
Esel 28, 67
Eule 28

F

Falke 68
Fasan 29
Faultier 29
Felchen 30
Fink 30, 74
Fisch 96
Flamingo 31
Fledermaus 31
Fliege 20, 25, 31
Floh 32
Flunder 32
Flusspferd 32

Forelle 33
Frettchen 33
Frischling 33
Frosch 34, 53, 61
Fuchs 34, 35, 79, 86

G

Gamsbock 35
Gämse 36
Gans 35, 36
Garfield 52
Geier 36
Gimpel 7
Giraffe 37
Gletscherfloh 37
Gnu 59
Goldbrasse 17
Goldfasan 37
Goldfisch 38
Goliathkäfer 38
Gorilla 38
Grille 39
Gürteltier 39

H

Habicht 39
Hahn 40, 55
Hai 40, 41
Hase 41, 94
Hausschaf 106

Hecht 42, 50, 51
Heilbutt 42
Hengst 63
Henne 42
Hering 43
Hermelin 43
Hippopotam 43
Hirsch 44
Hirschkuh 44
Hornisse 45
Huchen 45
Huhn 40, 46, 85
Hummer 46
Hund 21, 46, 47, 54, 85, 91, 95, 98

I
Igel 48
Ilwedritsch 113

J
Jaguar 48
Jungschwein 93

K
Kabeljau 40, 48, 60
Käfer 45
Kakadu 49
Kakerlak 90
Kalmar 104

Känguruh 49
Kaninchen 50
Karnickel 49, 89
Karpfen 42, 50, 51
Kater 51, 68
Katze 47, 52, 53, 72
Kaulquappe 53
Kellerassel 53
Kettenhund 54
Kiebitz 54
Kiwi 54
Klapperschlange 55
Knurrhahn 55
Koala 55, 103
Kobra 56
Kolibri 56
Krabbe 56
Krähe 57
Kranich 57
Krokodil 57, 58, 81
Kröte 58
Küchenschabe 25
Kuckuck 58
Kugelfisch 59
Kuh 59, 60, 88
Küken 88

L
Lachs 60, 64
Lama 61

Landhase 94
Languste 61
Laubfrosch 61
Laus 15, 62
Leopard 62
Lerche 62
Libelle 63
Lipizzaner 63
Löwe 63, 64
Luchs 35, 64, 65
Lurch 65

M
Made 65
Makrele 66
Marder 35, 66
Mastrind 66
Mauersegler 67
Maultier 67
Maulwurf 67
Maus 10, 25, 28, 53, 68
Meerschwein 69
Meise 69
Milan 70
Milbe 70
Motte 70
Möwe 64
Mücke 71
Mufflon 71
Mungo 71
Murmeltier 72
Muschel 72

N
Nachtigall 60, 73
Nasenbär 73
Nashorn 73
Natter 74
Nerz 74
Nessie 75
Nilpferd 75
Nonne (Falter) 76

O
Ochs 59
Ohrwurm 76
Okapi 76
Oktopus 104
Orang-Utan 77
Ozelot 77

P
Panther 77
Papagei 78
Pavian 78
Pegasus 119
Pfau 43, 78
Pferd 67, 79
Pillendreher 80

Pinguin 80
Piranja 81
Pirol 81
Pluvian 81
Pottwal 82
Pudel 95
Pute 7
Python 41

Q
Qualle 82

R
Rabe 83
Ralle 83
Rappe 79
Ratte 84
Raupe 85
Rebhuhn 85
Reblaus 85
Reh 86
Reiher 86
Ren 87
Renke 87
Rind 60, 88, 112
Ringelnatter 88
Rochen 88
Rosinante 89
Ross 107
Rüttelfalk 89

S
Salamander 50, 89
Sardine 90, 99
Sau 23, 86, 93
Saurier 90
Schabe 90
Schaf 91, 106
Schäferhund 91
Schildkröte 74, 92
Schimmel 79
Schlange 114
Schleiche 114
Schnake 35
Schnecke 30, 92, 110
Scholle 32, 92
Schwalbe 93
Schwamm 93
Schwarzbauchschmuck-
   schildkröte 92
Schwein 41, 47, 69,
   93, 105, 108
Schwertfisch 94
Seeelefant 95
Seegurke 94
Seehase 94
Seehund 95
Seepferd 75, 79
Seidenraupe 95
Setter 95
Silberfisch 96

Silberreiher 87
Skorpion 96
Skunk 96, 97
Specht 97
Sperber 97
Spinne 98
Spitz 98
Spitzmaus 98
Sprotte 99
Stachelschwein 27, 99
Star 99
Steinbock 100
Steinkauz 100
Stier 100
Stinktier 101
Storch 53, 101

T
Taguan 101
Tapir 102
Taube 102
Tausendfüßler 102
Teddybär 55, 103
Tiger 35, 103
Tintenfisch 103, 104
Tölpel 104
Trampeltier 105
Trüffelschwein 105

U
Uhu 105
Ur 106, 112

V
Venusmuschel 74
Vierhornschaf 106
Viper 106
Vogel 81

W
Wachtel 107
Wal 40, 82, 107
Wallach 79
Walross 107, 108
Wanze 108
„Wappentier" 104
Warzenschwein 108
Waschbär 109
Wasserfloh 109
Weberknecht 109
Weinbergschnecke 110
Wellensittich 110
Wendehals 110
Wespe 98
Wiedehopf 111
Wiesel 111
Wild 24
Wildgans 111
Wildschwein 33

Windhund 112
Wisent 112
Wolf 112
Wolpertinger 113
Wurm 113, 114

Z
Zander 51, 114
Zecke 114
Zeisig 115
Ziege 115
Ziesel 115
Zikade 116
Zitteraal 116
Zuchtlachs 60
Zuchtsalm 60
Zweihornschaf 106

Klaus Schredelseker, geboren 1943 in Mannheim, lehrt an der Universität Innsbruck „Betriebliche Finanzwirtschaft" und betreut die Studienrichtung Internationale Wirtschaftswissenschaften. Seine Arbeitsgebiete liegen im Bereich der Finanzmarkttheorie und der Informationsökonomik. Tiergedichte schreibt er, um sich und anderen eine kleine Freude zu machen.